Made in the USA
Monee, IL
05 April 2022

94115830R00057